PUERTA DE LA PIMIENTA

PUERTA DE LA PIMIENTA

RODOLFO HÄSLER

CAPITANES
COLECCIÓN DE POESÍA
10/10

Nautilus
EDICIONES

PUERTA DE LA PIMIENTA
Primera edición: abril 2024

© De los poemas: Rodolfo Häsler
© De la fotografía del autor: Zuzunaga
© Del diseño de cubierta y maquetación: Nautilus Ediciones
© De la selección de poetas y coordinación editorial: Samuel Trigueros
   Nautilus Ediciones
   nautilusedicioneshn@gmail.com

ISBN: 978-84-10241-20-6
Depósito Legal: Z 722-2024

Impreso en España, Unión Europea

RODOLFO HÄSLER
(Santiago de Cuba, 1958)

Desde los diez años reside en Barcelona. Estudió Letras en la universidad de Lausanne, Suiza. Tiene publicados los siguientes libros: *Poemas de arena* (Editorial E.R., Barcelona, 1982), *Tratado de licantropía* (Editorial Endymión, Madrid, 1988), *Elleife* (Editorial El Bardo, Barcelona, 1993 y Editorial Polibea, Madrid, 2018, premio Aula de Poesía de Barcelona), *De la belleza del puro pensamiento* (Editorial El Bardo, Barcelona, 1997, beca de la Oscar Cintas Foundation de Nueva York), *Poemas de la rue de Zurich* (Miguel Gómez Ediciones, Málaga, 2000), *Paisaje, tiempo azul* (Editorial Aldus, Ciudad de México, 2001), *Cabeza de ébano* (Ediciones Igitur, Barcelona, 2007 y Ediciones El Quirófano, Guayaquil, 2014), *Diario de la urraca* (Huerga y Fierro Editores, Madrid, Editorial Mangos de Hacha, Ciudad de México, y Kálathos Ediciones, Caracas, 2013). *Lengua de lobo* (Hiperión, Madrid, 2019, editorial Salta el pez, Buenos Aires, 2021, XII premio internacional de poesía Claudio Rodríguez), *Hospital de cigüeñas* (Editorial Libros de la Hospitalidad, Valencia 2021). *El tranvía verde de Alejandría* (Ediciones del 4 de agosto, Logroño, 2023), *Jabón de Nablus* (RIL Editores, Barcelona, 2023).

Ha publicado la plaquette *Mariposa y caballo* (El Toro de Barro, Cuenca, 2002) y *Cierta luz* (Ediciones Mata Mata, Ciudad de Guatemala, 2010), así como *Antología poética* (Editorial Pequeña Venecia, Caracas, 2005) y *Antología de Tenerife* (Ediciones Idea, Las Palmas, 2007). Ha traducido la poesía completa de Novalis, los minirelatos de Franz Kafka y una selección de *Anthologie secrète* de Frankétienne y dos libros de la poeta mallorquina Antònia Vicens. Es autor de la antología poética *El festín de la flama* de la poeta boliviana Blanca Wiethüchter.

LA HABANA
(en la casa de Lezama Lima)

a Reina María Rodríguez

Qué impresionante silencio en la angosta saleta,
en el exacto lugar donde la voz atronadora
reclamaba cada tarde su café, en fina taza china,
colado y servido con amor de madre. Remedio certero
para aplacar el ritmo entrecortado, entre risotada y risotada,
y recomendar a Góngora, leer cada día a los franceses,
los de la rosa. Adorando a Casal, maldiciendo a Virgilio,
logró ensalzar las sombras ante la oscura ventana,
oh los mayas, Ariosto, la impertérrita herencia española.
La ventana ahora clausurada es un tokonoma del vacío.

BERNA

a mi padre

Desde arriba contemplo a la bestia dentuda
y recuerdo que en la infancia jugaba con una réplica
en peluche, mucho menos imponente,
presente en la formación de todo niño alpino.
El foso es la salida del laberinto medieval,
un camino sinuoso de piedra arenisca ocre
en la que han sido labradas las agujas más sorprendentes
y las ventanas de las viviendas.
En una de ellas, mi padre, que ahora es mi hijo,
tocaba la viola con método insistente
mientras yo aprendía el dialecto gótico de mis antepasados.
Los almacenes subterráneos de patatas y manzanas,
los barriles de mosto campesino, las sedes de los gremios
y sus emblemas, la cigüeña azul, el devorador de niños,
la carpa dorada o el ojo de la aguja
acaban en la rueda de la muerte que acucia a los berneses
junto al símbolo del oso, el animal.
Desde la altura de la nieve desciendo a la casa de las bestias,
y apoyado en el borde, me asomo a ver sus fauces.

STETTIN

La inmensa planicie brumosa, helada en su superficie,
tierra y cielo solidificados por meses y meses, no entra el azadón,
los enormes almácigos dispersos al borde de los canales
indican la cercanía de las granjas, extensa granja de ladrillo
y madera entrecruzada alrededor de una enorme explanada
que lleva por nombre Sophienhof, antecedente de mi sangre.
Bandadas de gansos blancos buscando gusanos
escarban en la paja mezclada con estiércol,
los caballos de tiro patean en las paredes de los establos
reclamando la llegada de sus amos que los encinchan
para llevar la madera al mercado central de Stettin;
las vacas, de ojos líquidos y negros, tan exquisitas,
pretenden lijar las manos con sus moradas lenguas
mientras padre y madre, sentados en taburetes de una pata,
las ordeñan. Algunos empleados acarrean los recipientes
que los perros, conocedores de la ruta, acercan en un carrito a la
lechería. Del bosque llegan ruidos inquietantes,
el estrépito de la cornamenta de los ciervos contra los troncos,
el graznido de los cuervos, mozos talando. Los niños se adentran
en él con cestos para llenarlos de setas de color cadmio
que acompañarán la carne, pequeñas y pardas maravillas
de la hojarasca para engordar la sopa, setas que perpetúan
el recuerdo indeleble de la infancia.

BARCELONA

Desde hace tiempo dejó de proveerse
de perfumes en la avenida de Pedro I de Serbia
para, de un modo delicado,
conjurar el olvido.
Se acabaron las raras esencias,
creaciones únicas pensadas para desconcertar,
marcarse el vientre con una vaporosa gota
de agua de olor y que el olfato
a tu cabeza se fijase.
Ya no existe tanta delicadeza y es de otro modo
como ahora ante los demás se ofrece.
Son las manos las que detentan el poder,
son ellas las que lo convierten en Pakistán
bajo el peso de la transformación,
una y otra vez, al responder a su reclamo.
Hoy, día lluvioso y casi negro, se compadecerá de ti.
El paladar arde apostando fuerte esta tarde,
y cosa extraña, no deja de fumar cigarrillos negros.
No se adentra demasiado por la izquierda de las Ramblas
cuando da con la puerta del local.
La calle es estrecha y el personal, malcarado
y de mirada torva, sabe que se llama Pakistán
y en silencio le cede el paso.
El espectáculo "Somos todos unos indocumentados"
acaba de dar comienzo y mientras zapatea,
los hombros casi imperceptibles,
cimbreando la cintura tensa y separando

los brazos del tronco hacia lo alto,
gira las muñecas así y asá, y el olor que despide,
tan acre ahora, mezcla de sexo, escalofrío
y la humedad del deseo, le otorga la categoría
de macho empapado en su sudor.
Tu corazón es una de sus paradas,
cuando las hojas de la antigua camelia
se han caído todas ya. Detente y festejemos,
no sabes cómo te felicitan.

VIENA
(en el Café Museum)

a mi hermana Ana

I

¿Se puede entrar en el espacio de la memoria?
La estancia tiene forma de pentagrama, los muros oscuros
y anchos y unos cuantos libros en las esquinas.
Pudieran servirnos un café turco, en toda su gloria,
para contrarrestar la fría lluvia de primavera.
Si logramos traspasar la doble puerta
nos haremos fuertes frente a lo extraño. Para no escuchar
el reclamo de la caverna escondo un jacinto azul entre la ropa.

II

Hallamos en sus muros desconchados
un juego zodiacal que nos protege del hado,
al abrigo de la luz, al amparo de las miradas.
Los animales del cielo nos señalan desde sus asientos
y no podemos escapar a sus bramidos,
la fuerza del espíritu clama por el advenimiento
de lo oculto, el grito de Sardanápalo asesinado.
Los signos se repiten en la dureza de la piedra.

III

La disciplina gobierna nuestras vidas,
no podemos dejar de andar por las constelaciones
y atajar la suerte en el sueño de los antepasados.
Hasta el punto marcado, hasta el espacio acotado,
todo es reflejo de las aguas superiores, del movimiento
de la batuta sobre una línea negra.
El castillo de Bartók es sólo el punto de partida,
luz y dolor para encontrarnos en un jardín cifrado.

TEL-AVIV

No sé qué decir de la arquitectura de esta blanca ciudad, en el balcón, sin poner las manos extendidas sobre la mesa y ver cómo se amarga el dulce de miel. El estilo de Viena, de Berlín, de Brno y de Zürich siguió adelante tras el hundimiento de Europa. ¿Dónde acaba Europa?

Mi fachada es un poema en forma de ocho.

Es una maldición que me persigue desde la infancia, reconozco inmediatamente en la arquitectura el vientre cómodo de la ballena donde ocultarlo todo y arrodillarse ante el tiempo transcurrido.

El poeta no sabe si es necesaria tanta reflexión sobre el entorno habitado. Hay terrazas para tomar agua de jamaica mientras escuchas el ruido de la calle.

Vamos a sacar de la cama a los amigos del Rehov Soutin para llevarlos a caminar por la playa. Aunque nadie se bañe, la gente más hermosa deja sus pisadas y sus huellas de infinito. La semilla no va a germinar, fue un momento de creatividad que ha quedado olvidado, agotado para siempre. ¿Alguien querría paladear tanta belleza?

La luz se parte en infinitas líneas rectas frente a las ventanas pensadas para truncar al sol. Las flores del insomnio caen lentamente de las manos y las nubes que anuncian lluvia nos despiertan y ordenan alejarnos de semejante esplendor.

Cuerpo y alma buscan cómo transcribir la impresión de plenitud.

Página uno: lunes. La urraca lúcida

Tengo una urraca que todo lo mira.
Aunque huidiza, ahí está, quizá un azar,
tira de la hebra, un deslizamiento al caer
sobre un montoncito de hierba de Ibirapuera.
En territorio agreste, lejos de mantener la calma
la urraca se manifiesta, insiste en un vuelo sin laberinto,
atraviesa el éter y anula el deseo yéndose por el costado,
se esfuma por el mejor lugar, su juicio en la fronda.
Repite un salto que es una línea, y abarca más,
embauca temprano a su adiestrador.
Celebran ambos la vez, bordea el refrán
siempre a punto de perder la ocasión,
hurgando en tierra mansa, sobre hojas húmedas,
un hondo sentimiento de abandono.

Página dos: martes

La palabra urraca: la leo en el espejo.
Un liso corte en el cristal ¿qué te propone?
La imagen se va por la ranura del azogue
y corre a una boca de metro, destino Jabaquara.
La sombra estatuaria de los predios lima el cristalino,
no descubre nada, sólo extrañeza y dolor.
El graznido de un pájaro,
y un día, quizá hoy, puede que mañana, nublado,
cesa su intención ante el ritmo del universo.

Página tres: miércoles. La urraca ciega

La urraca ciega se guarece en el café Brahma.
En la esquina de Ipiranga con São João, se esparce
en la mente un paisaje infinito, un ángulo aéreo
que descansa sobre una tarja donde dice:
tão acima de nos, tão longe da terra,
recalcando el tono molesto de la escritora. La poeta adoraba a
los animales. Y yo, al salir de un templo shinto, jardincillo
de bambúes y pez rojo en el estanque, me escondo en el café,
retomo un poema de Cecília Meireles que habla de gatos,
de sombras de gatos, ¿o son sombras de urracas?
que me van nombrando por la ciudad.
Todo es revelador, serpentear una avenida desproporcionada,
fotografiar el cielo desde el Altino Arantes, reír...
Ciego frente a tanta opción, escondido en el Brahma
no hay salida, la urbe se agita, la sombra quemada
                                    [que permanece,
no sé, y mientras leo, ciego como estoy, a aquellos poetas
que me dicen sí, que me dan una fina excusa para huir
hacia un recodo de cielo babélico y espantoso.

Pagina cuatro: jueves. El cuerpo

como si yo no existiese, como si hubiese muerto por adelantado

Blanca Wiethüchter

Hay un cuerpo que asiste a su devastación.
Un olor a carne y a vísceras que se exponen a la curiosidad
como si nada existiese, no mancharás,
dice la sangre que gotea lenta, cuajándose
en una galaxia que ilumina la pared del Copan.
La pupila es azul, o puede que verde veneciano,
y pide algo, correr, un pensamiento estoico, corriendo,
lo deja a su voluntad el cuerpo que huye por la pared
en su carne maltrecha. Un cadáver tendido como si nada
y un prodigio que se presenta y dice: azul.
Dónde duerme hoy la urraca, o es mi perro, repite su nombre,
negro y blanco y azul. Azul. El cuerpo que cae
y la nada adelantándose a la muerte
una llamarada.

Página cinco: viernes. Rua Aurora

a Alfredo Fressia

Cruzando la rua Aurora mira hacia atrás. Cómo menciona
rua Aurora, cómo se atreve si nada le pertenece. Es el inicio
de una transformación, el rufián es codiciado por un puñado
de paseantes, es un incendio, un fuego que se acerca,
un pálpito, una diadema. Ordena su melena frente al cristal,
al borde del abismo, no sabes si el reflejo es real
o una puerta imaginada. No sabes si volver, si lo deseas,
no en vano fuiste alguien, abrazado, lamiendo las manos,
atravesando la calle. Eres la decadencia,
la buscas, adoras lo que un hada te cuenta,
las cuerdas de un arpa que festeja el delirio.
Dejas la rua Aurora y piensas en el poeta, su obra
encerrada en el agua, encantado en un verso,
mientras huyes, te vas, con su contenido.

Página seis: sábado. Cidade de São Paulo

Su olor es a materia mojada y su mirada punzante.
Es una urraca soberbia de plumas enmarañadas,
una transformación en curso que ignora su devenir,
una rama borrosa, un quicio para posarse,
busca el sol entre tanta desmesura,
la mano pide libertad, y se la dan, la toma,
un ramito de lilas iguala la mención de la idea,
cómo salir, ascender y atisbar por encima de mi,
para reconocerte, y alza la voz de la ignominia,
y da un consejo, si lo sigues, ven, vuelve,
tu ciudad se va enfermando.

Página diez: miércoles. El poeta

¿Qué luce en su cabeza? Será un violín sonoro,
un instrumento que sabe ordenar, le dicta al oído
continuas confidencias, detalles de una vida disuelta en agua,
no sé si sabe nadar, sin embargo, es una vida viajera,
un timbre, una indisposición de maldoror.

Página doce: jueves. Talita cumi

Marosa di Giorgio

La gran urraca madre, grazna ahora para ser escuchada,
y pide, me exige que moje su suave hueso en el chocolate.
Qué osada mamá Marosa al hablar así, y yo tratando de hallar
un nombre para sus cosas, cómo decir líquido infecto,
cómo detener a esos gatos perseguidores y lúbricos,
qué decir del costurero, la casa de los abuelos, la madre,
Marosa, ese grito inasible, las lucecillas, el decaimiento,
los caminos son blancos y los perros ladran a los cuatro vientos.
Mi amor, cada golpe de mi amor, un graznido, un ave
devora la libertad muerta en la mano, clavada en la carne
de la niña Ágata, oh desgraciada, oh volver a la oscuridad,
por eso devoras a los perros.

a Rafael Mammos

Las acequias del palmeral de Ghardaia
conducen al laberinto donde pasar la prueba,
después asciende, llega a la plaza
siguiendo el reclamo del dedo que se eleva
en el aire, el dedo del pensamiento.
Es una gota de cristal, un huevo de avestruz,
la más inaccesible de las ciudades,
donde predicar
la santa poesía.

Rijeka – Fiume en el lindero del mar,
se acerca al muelle y no avanza
sin tropezar, es la superficie
donde desaparecen vidas insólitas,
un tiempo bajo las aguas del puerto
esperando que un lector lo rescate,
pasó el hundimiento, el peso absoluto,
y Ödön von Horváth dice que no vuelve,
mejor leerlo, autor de las carencias,
cuál es tu país natal,
dice que respira mejor
para pronunciar el nombre Ödön,
mar de la lejana Hungría, lo puedes imaginar,
Otto en lengua franca,
sin raíces y libre de debilidad,
Horváth nacido en los límites
juega al despiste y huye a cada ocasión,
pero así se expresa la angustia y la vaga nostalgia,
repite, nostalgia de Roth, Zweig,
Schnitzler, Perutz, Kubin,
y Ödön, al borde del mar, ese brazo negro
que te impulsa, pero va a revelar
el secreto, en la punta de la lengua,
un nombre, por un decir.

En el hotel Oloffson se vive para atrás,
las agujas del reloj marcan el rumbo,
sube las escaleras y retrocede,
la mente ofuscada por el olor a sangre y humo,
no habla mucho por si las moscas, y hay muchas,
revolotean por todas partes y se adueñan de los tesoros,
Oloffson, cuántas veces te he visto sin verte,
tomar la doble escalera desde el jardín
es entrar en un túnel donde aúllan los ancestros,
gritan fuego,
y saltan desde la terraza como un murciélago
que domina la ciudad,
hay un ritmo y hay un corte, hay un pie y una contradanza,
hay café, dice que fue la maldición,
y hay cabezas parlantes reclamando piedad,
el cráneo serrado de un antepasado
sacando la lengua en francés,
de un machetazo el oro cayó
y ahora duermo con una esquirla,
¿contarlo a pesar de la vergüenza?
¿no decirlo y sentir y descubrir?
Desde la barandilla blanca del Oloffson
todo parece hermoso, y siente alivio
después de tanto horror, siempre
el grito y el hambre se trenzan por el monte
rascando en las puertas,
pero están los ojos para ver detrás,
el salto a lo nuevo remontándose,
una habitación de hotel y una sala

donde se levantó, mirando de frente
los múltiples flecos de la familia,
y pasaron los años, las mudanzas,
y hoy se encuentra arrinconado
ante la belleza del Oloffson,
donde ve sin poder ver
el espanto de la estirpe.

a José Manuel Domínguez

Un edificio en una esquina mítica,
Industria y Barcelona, Industria 502, viejo Gran América,
entro y pregunto por el guardián de la luz
que perpetúa la fábula de la lámpara de aceite,
algo extraordinario llama la atención,
decidido miro por una de las ventanas
y me convierto en dos niños dulces
jugando con un zorrillo,
una jirafa y un bambi,
y al mirar al exterior
morimos de vértigo.

a Elance Diamant

El autobús se dirige a Gaza,
la ciudad retumba en una queja
que obstruye la mente,
una vida tan vieja para acabar en nada,
la playa, sin embargo, es espléndida,
las viviendas son un amasijo,
un susto,
no sé si llegar al final del trayecto
e intentar hablar
sin tragarme la lengua.
Los pasos caen al mar,
las sombras estallan contra los cuerpos,
la mirada se dirige a los desahuciados,
pero no olvides que Gaza
es un chasquido de ceniza.
Hay palabras de más, palabras malditas,
la miserable palabra
se apaga en los ojos que no pueden ver,
pero sí escuchar,
aquí se queda, en la orilla,
amasijo en el estómago, muy cerca
me arrodillo ante la iglesia ortodoxa
y me cubro la cara en la mezquita,
la escena completa se desparrama.
Mordí la tierra
y la sensación de sequedad marca en el rostro
el peso de la limosna,

una zarza de oro cubierta de polvo,
otro muro donde incrustar
el beso insoportable de la infamia.

La Clémence es un período ocioso bajo los árboles,
allí dormita al sol la clientela más cosmopolita,
acércate y ocupa una mesa, pide un *perrier*,
un *sanpellegrino*, y déjate observar,
todos analizan tus movimientos,
¿será iraní?, quizá un desterrado balcánico,
todo es posible en la cima de la incertidumbre,
y te dejas querer sabiéndote antropófago,
uno más entre los pequeños sabios
que buscan la calma, el misterio, la indiferencia
necesaria para vivir mejor.
La presencia de los demás te justifica
entre foráneos, ahora hijos ginebrinos,
il y a des iraniens, des libanais, des riches américains,
des snobs, que de grandes familles palestiniennes,
circulando cómodamente por el mundo,
quizá el mejor, el más ligero,
el que menos aporta a la transformación,
después de pagar la consumición vuelve a observar,
baja despacio hasta el *marché aux puces*
y cómprate un libro usado de Panaït Istrati.

Beirut se despereza en el mar,
le voyage à Beyrouth largamente soñado
desde 1977, recién iniciada la guerra
Nicolas, Georges, Antoine, Walid, Mabrouk,
narraban escenas a las que yo añadía carnalidad,
olor a piel de las naranjas de Biblos,
y así sigue sonando *La mer*
sinfonía de Debussy,
niño de un país absurdo, ¿qué has sentido?,
tan perfecta pronunciación para afirmar,
je suis grec orthodoxe, je suis maronite, druze, sunnite,
sólo te salvas en la piel perfumada de la naranja
cuyos gajos había escupido
en la terraza del *Commodore*, del *Phoenicia*,
la multitud que jalea los misterios,
tu sais, nous, on aime la vie,
oh tanta belleza, la gran tramposa.
Entonces fumaba *Gitanes papier maïs*,
me perdía en las calles, los comercios,
aquel reflejo en el *Café des Glaces*,
¿era cierto, eras tú?
La levedad llega al barrio griego, armenio,
el viaje a Beirut
para conocer el futuro en la borra del café,
mi pequeño, tu mano suda,
lo dice todo esa larga línea curva,
puedes quedarte aquí encadenado a una roca,
en la línea dulce del paisaje
se diluye la música, alejándote

puede que pienses en cambiar,
pero la *diseuse* insiste en que no hay futuro aquí,
sólo vienes a soñar, ser osado otra vez
y volverte adivino
e introducir la mirada
por la ranura ojival de tu ventana.

CAFÉ URANIA

ver sacrum

Entra al café,
siente que todo da vueltas,
se centra
en un único sentido,
la visión se abre
y se multiplican los objetos,
descubre
junto a la puerta
una esquina de mosaico Sezession,
es un tejido dorado
que todo lo atrapa,
la estancia se colma
de un soplo
que acepta encantado,
sobre la mesita tambaleante
baila la taza
cuando escribe,
desea hacerse
con el oro
mencionado en otro poema,
pero el oro mantiene su peso,
permanece en el suelo,
lo ve y lo valora
y el reflejo se incrusta
en la frente,

quiere escribir
apoyado en la mesita
pero sólo logra repetir
la palabra
o
r
o.

Se acomoda en la misma postura
a reparar la astilla
temblorosa,
llega el aroma del café
y brotan palabras lentas
que guarda
para descifrar
en la noche,
palabras oportunas, se dice,
esquirlas de un espejo,
sueños de días atrás
se superponen en el cuaderno
como panes de oro,
en la misma mesa,
en el fleco
del mullido cojín
de terciopelo magenta.

Camina rodeado de violetas,
lirios y ortigas
hasta el café Urania
donde retoma la escritura,
no hay nadie
y el oro de Klimt reluce más sordo
a los ruegos,
buscando en qué lengua decir,
se esparce por el papel
la palabra
E
r
d
é
l
y
su musicalidad lo coloca
de una sacudida
en el tono preciso,
el frasco de miel de tilo
apacigua el estallido.

Un tranvía color magenta
atraviesa de lado a lado
el ventanal
en dirección a la sinagoga Neóloga,
una lona cubre la fachada
pero deja ver su coronación,
cuatro cebollas plateadas

y dos estrellas,
lo percibe desde la puerta
al colocar el pie izquierdo
en la tesela más alta,
las cortinas de terciopelo
enmarcan la taza blanca
donde ayer falló
el ritmo ligero del poema.

La mesita continúa tambaleándose,
las letras saltan en el cuaderno
creando gran confusión,
no puede abrir la caja de los truenos
sin quedar fijado
para siempre,
los astros se diluyen
en el café
y en la noche todo se resume
en tres palabras.

Una libélula esmaltada
cae en la taza,
dos mesas más allá
escuchan los lamentos,
se enreda en la espuma del capuccino

hasta levantar el vuelo,
así de sucia se va
por donde entró,
sus alas vibran
sobre una partitura estropeada.

Ocupa la misma mesa,
mientras pide la consumición,
un cisne que no le quita ojo
se clava con saña su pico
en el buche,
trata así de perpetuarse
en un blasón húngaro,
la sangre quema las plumas,
el espanto es mayúsculo,
paga veloz en otra valía,
seis billetes verdes
quedan sobre el platillo
y se va.

En silencio
finaliza la lectura de Bánffy
a la segunda consumición,
se conjura la suerte,
la última página

resume toda la impureza,
en un suspiro la hija del narrador
deja un mensaje en el teléfono:
ver sacrum, ver sacrum,
un ángel habla sin parar
de un poema que se enfría en el café,
ver sacrum.

SANTIAGO DE CUBA

Abuela, tú me dices, te digo
-        cómo retomar tu herencia –
-        está en tus libros de matemáticas –
cómprame unos zapatos stacy adams,
venga, duro conmigo,
me tiro sobre las baldosas de un caserón,
calle Hartmann, calles en cuesta,
patios y más patios exuberantes,
abuela es la estirpe francesa
que trajo el rigodón
en su estricto compás,
sin embargo, en la tumba
se repite un ritmo pautado,
porque a diario me acerco a la losa
bajo el sol
- un sol de inframundo -
que mesa las piedras

sale a buscar
caimitos, tamarindos
para mí,
desde cuando no muerdo el fruto ácido,
pasa un huracán,
cayó el ángel del cupulín,
eso me dice,

el ángel huele a café tostado,
las escaleras resbalan, hay un lagarto
expectante, te digo,
Tivolí, Tivolí,
quiero estrechar unos huesos
atados con tela roja,
- si la limadura los raspa -
quiero cerrar los ojos
en mi propia alcoba,
las baldosas floreadas
bailan y van

me fui para otra parte

el vacío se diluye en el color verde,
en un punto de la ciudad
hay un perro muerto, hay perros muertos,
reventados, por todas partes,
hay una estaca en el pecho

baja la colina,
muestra su mancha de café,
la cabeza es enorme
y deja fuera de juego a la madre,
dice - deja mi panza respirar,
ha nacido un lobo, dice,
le pondremos lobo,
es el jefe que vive en el bosque

dormir cerca del mar,
come arena de mi mano,
carne de perro,
y desea que lo acojan
y le zurzan la panza,
la ciudad tomada
por viejas ánimas parlanchinas,
bailan, cantan,
tocan música francesa
y comen fruta,
caimitos, guanábana, zapotes,
una esponja para limpiar
la húmeda memoria

cúlpate,
olvida la palabra culpa,
eso no fue,
llega la aparición
que en la noche bebe con sed,
bebe agua dura,
cae la savia del guayacán
en la garganta

una sombra golpea la pared,
se pierde en la casa,
hay tejas sueltas

donde bailan los santos,
te pones la camisa blanca,
el coco negro
aguarda en el zaguán,
dice una palabra cortés,

cada día estruja un aullido de terciopelo

espíritus pasados a cuchillo,
no son violentos,
suben las escaleras
anotando nombres,
suman apellidos,
con un dedo cortan cabezas,
todas se sienten culpables,
sin juicio,
culpables
sienten sed y lloran,
es la quemadura de fuego
en el esófago

un zapato de raso de la tatarabuela
se deshace en el fondo del baúl,
nadie lo ha visto,
la horma es minúscula,
caben los dedos índice y corazón,
sobrevivieron a la negra historia,
la gran devastación,
vio fuego, por la ventana vio
el verde intenso del cafetal,

vio humo,
se llamaba Olimpia

levanta el bastón de la poesía
entre tallos de malva,
di una frase amable,
en la oscuridad caza animales
salvajes para el ausente,
el eterno ausente
se pone una máscara mustia,
habla y se olvida,
trepa a los árboles,
rodea el tronco
como el cuerpo ardiente,
duermo en un caserón vacío,
entra el agonizante,
entrechocan los puños,
crece la duda,
pero vuelve,
vuelve,
parte de la estirpe se detiene,
lobo, lobo,
amante decidido
a cambio de nada.

Fotografío una animada terraza de café,
es el café de un hotel desvencijado.
Quiero anotar el nombre del local
pero sólo consigo distinguir
las letras árabes, rojas, quedando
la transcripción latina fuera de ángulo.
Así se pierden tantas oportunidades
fuera del ángulo de visión,
pero terrazas de café en Alejandría
nunca van a faltar.

Abro el libro de Naguib Mahfuz
por donde dejé la marca anoche.
Describe aspectos curiosos de la ciudad.
De repente todos miran,
y por supuesto, no es mi intención
despertar la curiosidad.
Lo vuelvo a guardar en la mochila
con cierto nerviosismo.
Un libro de un autor egipcio
a quien probablemente
muchos desprecian.

Cuento las escasas piedras en pie
del célebre Serapeum,
la colina es un lugar arrasado,
el sol se hace trizas
sobre la tierra blancuzca,
un polvo seco raspa en la garganta.
Donde se adoró la fertilidad
hoy no hay nada,
se alza aislada una columna
de granito rojo de Asuán
a modo de falo.
De vuelta, sentado junto al pasillo,
rememoro un pasaje de Herodoto
que habla del poderío de la ciudad.
Un ríspido chirriar metálico
me saca del ensueño.

Tiene una parada prolongada
en una esquina infame,
avanza al ritmo
de los sobrevivientes,
un tiempo demorado, renqueante,
como el cojo que vende pan
junto al estacionamiento,
me habla pero no logramos comunicarnos,
zumo de limón solapa el retorno
de un pasado
que el limo de la bahía
no consigue ocultar.

Salgo de ver la primera parte
de la trilogía de Yussef Chahine
en un enorme cine polvoriento.
Un público masculino
grita, comenta y canta a la vez
cuando alguien da los primeros acordes
de una canción.
Chahine por un lado
y el público general por otro.
La sala es el lugar
donde el hilo de la cuestión
se pierde.

Al día siguiente reconozco a Chahine
sentado frente a mí en el tranvía verde,
lo miro a los ojos,
su pupila gris llorosa,
su labio inferior más grueso que el superior,
absoluto desinterés
en su actitud vital.
Ambos observamos el trajín de la avenida,
una existencia reducida a hollín del desierto.
Pasamos frente al cine
donde vi la primera parte de su trilogía,
intento decírselo,
hablar con él en francés,
pero repentinamente su lugar
lo ocupa un anciano
con un rosario en la mano.

No miente, su destino es Ramala.

Arranca con un prendimiento, una propuesta de viaje, es una alianza de por vida. Luiz Felipe está aquí y abre el cuaderno, escribe la palabra viento, agita así el impulso creador, la energía primera. La composición de la vieja receta levantina del jabón es una ráfaga que envuelve el espíritu, alrededor el mundo se descompone. Se activa la memoria, su color es anaranjado. Hay un resbalón que desata el proceso de la escritura, una entrega sin esperar nada a cambio, un enamoramiento. Al ponerse en marcha descubre la trama, la fábula del jabón de Nablus, seguir el tacto resbaloso de la piel, dejar que el agua corra por la espalda, frotar suavemente. No hace excesiva espuma ni es cremoso, pero la sensación de bienestar levanta expectativas.

El trayecto es fulminante,
pronostica no se sabe cuánto asombro,
deja un costurón a la vista --
en un taxi, muriendo la tarde,
atravieso un paisaje reconocible,
olivos mochos,
ropa tendida en las solanas,
tintineo de cucharillas en los cafés,
chirriar de llantas, luces amarillas,
desata la palabra viento,
las piedras son blancas.

Procura agua de pozo, halla alivio en un pozo - es un acto cabal, agua de pozo para refrescar la cara, lavar unas manzanas. Hay prisa por continuar. Tras una curva, en la distancia, se dibuja Ramala. Entra en la ciudad, hace una pregunta, con el estómago vacío acepta el agrio pan de la derrota. Palabras puntuales que brillan en su filo, palabras que escapan por una hendidura. Se sabe extranjero, un poeta venido de lejos, quizá equidistante observa la situación - sin hablar la lengua presiente significados, ecos que golpean en el centro del lenguaje, nada que no sepa de antemano, aunque el resultado es un secreto a voces. Se desviste y se ducha, el espacio es una desmesura, fuera lo espera un enigma por resolver, rehace el trayecto al cerrar los ojos para recomponer las faltas. Sabe que ha de plantear su pregunta, elige para la ocasión la frase correcta, la palabra se eleva entre las piedras, se cubre de gloria, piedras blancas, piedras afiladas, las quiere palpar, ¿será que lo recuerdan a él?, ¿cómo lo puede dudar?

Índice

PUERTA DE LA PIMIENTA
de Rodolfo Häsler
-10/10 de la Colección Capitanes 1-
se terminó de editar y maquetar
por Nautilus Ediciones
en Zaragoza, España,
en abril de 2024.